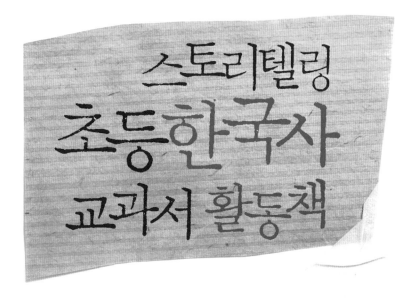

스토리텔링 초등한국사 교과서 활동책

③ 동학 농민 운동부터 현대까지

이정화 · 김정화 · 최이선 지음
조성덕 · 경혜원 그림

북멘토

나도 스토리텔러가 될 수 있어요

이 책은『스토리텔링 초등 한국사 교과서』를 바탕으로 초등 5~6학년 한국사 지식을 총정리하는 활동지예요. 이 책과 함께 우리 역사를 느끼고, 곱씹고, 삼키고, 생각하고, 표현해 봐요. 어느새 내 마음속에 살고 있는 역사 이야기꾼을 발견하게 될 거예요.

느끼고

한 장의 그림이 들려주는 역사 이야기

시대별 명장면을 그림 22폭에 담았어요. 활동지를 풀기 전에 가벼운 마음으로 그림을 감상해 보세요.

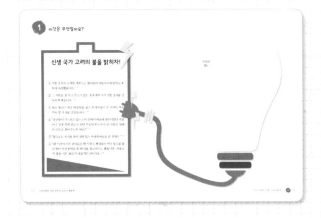

곱씹고

열쇳말로 핵심 쏙쏙

현직 초등학교 선생님이 5~6학년 핵심 역사 지식을 단답형 퀴즈에 담았어요. 문제가 어렵다면 힌트로 적어 둔 쪽수를『스토리텔링 초등 한국사 교과서』에서 확인하세요. 자연스럽게 복습이 돼요.

삼키고

한눈에 보이는 한국사

구슬이 서 말이라도 꿰어야 보배! 역사가 단편적 지식에 머물지 않게, 큰 흐름과 인과 관계를 느낄 수 있게, 때로는 통사 때로는 주제사를 연표·지도·주사위놀이·퀴즈 속에 녹였어요.

생각하고

내 눈으로 바라보는 역사

혼자 할 때는 논술, 친구·선생님·부모님과 함께할 때는 토론이 되는 역사논술 코너. 막막할 때는 답지 속 '생각열쇠'를 참고하세요. 오랜 시간 초중고 학생들과 함께 공부해 온 현직 논술 선생님이 친절한 길잡이가 되어 줍니다.

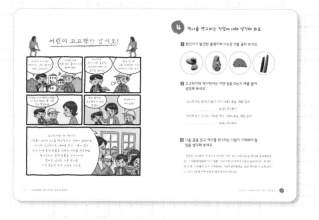

표현하고

내 마음에 담아 내는 역사

역사를 그림일기, 만화, 노래, 지도, 편지의 소재로 활용해 봐요. 나만의 감수성과 자유로운 상상력이 중요해요. 국어·미술·음악·사회 과목이 역사와 만나는 융합 수업 코너랍니다.

차례

3권 동학 농민 운동부터 현대까지

17장 | 흔들리는 민심 ··· 006

18장 | 대원군의 개혁 정책과 외세의 침략 ··· 016

19장 | 개화와 척사의 대립 ··· 026

20장 | 주권 수호의 노력 ··· 036

21장 | 일제의 국권 침탈 … 048

22장 | 독립 투쟁을 벌이다 … 060

활동책 사용설명서 … 002
세계사와 함께 보는 한국사 … 070
답 … 088

1권 선사 시대부터 후삼국 시대까지

2권 고려 시대부터 조선 후기까지

17장 ┃ 흔들리는 민심

답이 되는 글자를 찾아 묶어 보세요.

1 왕실 어른이 왕을 대신해 정치하는 것을 말해요. [12쪽]

2 극소수의 세력가들이 나라를 좌지우지하는 것을 뜻해요. [12쪽]

3 몰락한 양반으로 평안도에서 군사를 일으킨 인물이에요. [14쪽]

4 강화도에서 농사지으며 살다 갑자기 왕이 된 사람이에요. [17쪽]

5 전정, 군정, 환곡을 합쳐 부르는 말이에요. [18쪽]

6 백성들에게 곡식을 싼값에 빌려주던 관청이에요. [18쪽]

7 탐욕스럽고 부패한 벼슬아치를 이렇게 불러요. [18쪽]

8 진주 지방에서 분노한 민심이 일으킨 항쟁이에요. [19~20쪽]

9 최제우가 동쪽 나라인 우리의 도를 세우겠다는 의지를 담아 만든 종교예요. [21쪽]

10 신분 사회인 조선에서 사람은 누구나 평등하다는 교리를 주장해 핍박받은 종교예요. 서학이라 불리기도 했어요. [24쪽]

11 최초의 한국인 신부예요. [27쪽]

12 '대동여지도'를 만든 인물이에요. [28쪽]

13 '추사체'라는 독특한 글씨체를 만든 인물이에요. [29쪽]

홍	경	래	진	주
김	정	호	민	란
수	렴	청	정	김
세	선	혜	청	대
도	철	종	탐	건
정	동	학	관	김
치	삼	정	오	정
천	주	교	리	희

② 빈칸을 채워 보세요.

1800년, 정조가 세상을 떠나고, 11살 어린 나이에 순조가 왕위에 오르자 왕실 최고 어른인 _____가 수렴첨정을 했어요.¹²쪽

①

1811년, 민심의 분노를 알아본 홍경래가 평안도에서 훈련된 군사를 이끌고 봉기했어요. 이를 _____ 이라고 해요.¹⁴⁻¹⁶쪽

④

1800년　　　**1810년**　　　**1820년**

유교 전통 속에서 천주교의 운명은 어둡기만 했어요. 1801년, 수많은 천주교 신자들이 세상을 등진 사건은 신유년에 일어난 천주교 박해 사건이라고 해서 _____ 라고 불려요.
²⁵⁻²⁶쪽

②

1805년, 정순 왕후가 세상을 떠나고 _____ 들이 세도 정치의 배턴을 이어받았어요.¹²쪽

③

1839년 기해박해 때는 프랑스인 신부가, 1846년에는 우리나라 최초의 신부 김대건이 _____ 했어요. 27쪽

⑤

1862년, 진주에서 시작된 민란의 불씨는 점차 퍼져 나갔어요. 철종이 _____을 마련했지만 아무 소용이 없었어요. 20쪽

⑧

1840년   1850년   1860년

1860년, _____가 신분 제도 철폐, 인간 평등 실현을 꿈꾸며 동학을 창시했어요. 조정은 동학을 탄압했어요. 21쪽

⑥

1861년, 김정호가 현장 답사도 하고 규장각에 있던 여러 지도를 참고하여 _____를 만들었어요. 28쪽

⑦

민심을 잃으면, 천하를 잃을지니

질문에 답해 보세요.

1 1800년대 조선 민중들의 생활이 어땠는지 설명해 보세요.

2 만화 속 상황을 목격한 양반들의 대화를 상상해 보세요.

4 대동여지도를 만들던 김정호의 마음으로 우리 동네 지도를 그려 보세요.

❖ 나만의 기호를 만들어 표시해 보세요!

고속국도 　　　　제방 　　　　과수원

철도

성 　　　　논 　　　　밭

1. 내가 다니는 학교를 먼저 그려 보세요.
2. 학교 정문을 중심으로 길을 그려 보세요.
3. 그 길을 따라 눈에 띄는 장소(병원, 교회, 학원 등)를 표시해 보세요.
4. 우리집을 표시해 보세요.
5. 우리 동네 지도에 꼭 넣고 싶은 장소를 표시해 보세요.

☼ 등대	⌂ 기념비	☼ 공장	卍 절
∴ 명승·고적	⚲ 우체국	Y 소방서	♁ 교회
♨ 온천	⌒ 다리	⚑ 학교	▲ 산

18장 │
대원군의
개혁 정책과
외세의 침략

낡고 바랜 역사 편지를 완성해 보세요.

흥선 대원군께

한양 도성 밖에 사는 손흠지 아뢰옵니다. 벌써 몇 해 전이지요. 대원군 께서 꼭 필요한 ① _____ 32쪽 47곳만 남기고 나머지는 철폐하라는 명령을 내리신 것이요. 숱한 세월 백성들이 굶주려도 눈 하나 깜짝 않 던 서원이 사라지면서 이제 뭔가 바뀌어도 크게 바뀌려나 보다, 희망을 품었던 게 벌써 옛일입니다.

하지만 ② _____ 33쪽을 새로 짓는 일은 우리 백성들에게는 또 다 른 고역이었습니다. 왕실의 위엄을 위해서라도 꼭 필요한 일인 줄은 알 지만, 재정이 턱없이 불충분하지 않던지요.

물론 대원군께서는 ③ _____ 34쪽이라는 화폐를 발행하는 기지를 발 휘하셨습니다. 하지만 그 결과 물가가 폭등했습니다. 그러니 백성들의 원망이 나날이 높아질 수밖에요.

그리고 1866년 ④ _____ !36~37쪽 이 사건은 참으로 안타깝습니 다. 대원군께서도 처음에는 천주교를 받아들이려 하지 않았습니까? 그 런데 9명의 프랑스인 선교사와 1만여 명에 가까운 천주교 신자들을 처 형한 이 사건은 정말 슬픈 일이 아닐 수 없습니다.

부디 앞으로 좋은 정치를 하셔서 위기에 빠진 이 나라 조선을 바르게 이끌어 주시기 바랍니다.

1867년 손흠지 올림

① _____   ② _____

③ _____   ④ _____

2 1876년 조선에 온 외국인 기자가 기사를 쓴다면?

大日本國大朝鮮國ト素ヨリ友誼ニ敦ク年
所ヲ歷有セリ今兩國ノ情意未ダ
洽ネカラザルヲ視ルニ因テ重テ
舊好ヲ修メ親睦ヲ固フセント欲
ニ是ヲ以テ日本國政府ハ特命全
權辦理大臣陸軍中將兼參議開拓
長官黑田淸隆特命副全權辦理大
臣議官井上馨ヲ簡ミ朝鮮國江華
府ニ詣リ朝鮮國政府ハ判中樞府
事申櫶都總府副總管尹滋承ヲ簡
ミ各奉スル所ノ

諭旨ニ遵ヒ
議立セシ條款ヲ左ニ開列ス

第一款
朝鮮國ハ自主ノ邦ニシテ日本國
ト平等ノ權ヲ保有セリ嗣後兩國
和親ノ實ヲ表セント欲スルニハ
彼此互ニ同等ノ禮義ヲ以テ相接
待シ毫モ侵越猜嫌スル事アル可
からず先ツ從前交情阻塞ノ患と
爲セシ諸例規と悉く革除し務め
て寬裕弘通ノ法を開擴し以て雙
方とも安寧を永遠を期すべし

第二款
日本國政府ハ今より十五個月の
後時を隨ひ使臣を派出し朝鮮國

修好條規

明治九年三月廿二日
太政大臣三條實美

第三拾四號
今般朝鮮國と別冊の通り條約
取結相成候條此旨布告候事

48~49쪽

불평등한 내용의

일본군의 위협 아래서 체결된 이 조약 때문에 조선인들은 막대한 피해를 볼 것으로 우려된다. 조약문 속에는 조선이 자주 국가로서 일본과 평등한 권리를 가진다는 것, 20개월 안에 부산과 그 밖의 항구를 개항한다는 것, 그리고 일본이 수시로 조선 해안을 측량할 수 있다는 것, 개항장에는 일본의 조차지를 설정할 수 있다는 것, 개항장에 거주하는 일본인은 일본의 국내법으로 재판하겠다는 것 등의 내용이 들어 있다.

두 나라가 평등한 자주 국가라는 조항은 겉보기에 아무 문제가 없어 보인다. 하지만 그 속셈은 청나라가 조선에 대해 행사하고 있는 영향력을 배제시키기 위해서라고 해석할 수 있다. 어느 모로 보나 조선에는 매우 불리하다. 일본은 이를 통해 조선 침략의 발판을 마련할 조짐이다.

– 1876년 3월 1일 북면토 통신

3 찢어진 쪽지의 반쪽을 찾아 주세요.

유럽 국가와 조선의 대립

36~37쪽
조선의 원로 대신들은 천주교를 몰아내라고 요구했어요. 대원군은 더 이상 천주교를 옹호할 수 없었어요.

그러나 흥선 대원군은 외세를 향해 더욱더 큰 저항감을 품게 되었어요.

37~39쪽
병인박해 소식을 들은 로즈 제독은 강화성을 점령했어요.

이에 조선 장수 양헌수는 정족산성에서 프랑스 함대와 맞섰습니다. 이를 병인양요라고 해요.

39쪽
1868년, 독일 상인 오페르트가 흥선 대원군 아버지의 무덤을 도굴했어요. 유골을 돌려주는 대가로 통상을 요구할 속셈이었지요.

결국 1866년 병인년, 대원군은 천주교도들을 탄압하고 프랑스인 선교사와 천주교 신자 들을 처형했어요.

미국과 조선의 대립

39~40쪽

미국 국적의 제너럴셔먼호가 조선 땅에서 소란을 피웠어요.

하지만 흥선 대원군은 고집을 꺾지 않고 척화비를 세웠어요.

40~42쪽

미국 사령관 로저스는 제너럴셔먼호 사건을 빌미로 조선 땅을 향해 전진했어요.

평안 감사 박규수는 백성들과 함께 그 배를 불태워 버렸어요.

42~43쪽

두 차례 양요를 겪고 고종을 비롯한 몇몇 대신들이 개화를 주장했어요.

어재연 장군이 로저스에 맞섰지만 많은 조선 병사가 목숨을 잃었어요. 이를 신미양요라고 해요.

역사의 도돌이표

1858년 일본

미국이 쳐들어온다!

이제 미국과 일본은 조약을 맺는다.
일본은 시모다·하코다테 외의 여러 항구를
개항한다. 일본에서 범죄를 저지른 미국인은
미국 법에 따라 심판한다……

1876년 조선

일본이 쳐들어온다!

이제 일본과 조선이
조약을 맺겠소이다. 조선은 통상에
편리한 항구를 2개 더 개항하시오.
그곳에 거주하는 일본인은 일본 법으로
다스릴 것이오. 또한 조선 연해의 도서와
암초를 조사하지 않아 매우 위험하니
일본인 항해자가 자유로이 해안을
측량하도록 해야 하오.

강화도 조약에 대해 생각해 보세요.

1 미국과 일본이 맺은 조약과 일본과 조선이 맺은 조약의 특징을 설명해 보세요.

2 다음 의견에 대해 내 생각과 근거를 말해 보세요.

> 당시 미국, 영국, 프랑스 등 서양 열강은 아프리카를 비롯해 세계 여러 나라에 식민지를 건설하고 있었어. 이런 시기에 일본은 미국 등 서양 열강과 조약을 맺은 후 새로운 정부를 만들었대. 그런 일본이 식민지를 가지려 한 것은 당연해. 나라도 그렇게 했을 것 같아.

흥선 대원군의 마음으로 인터뷰에 응해 보세요.

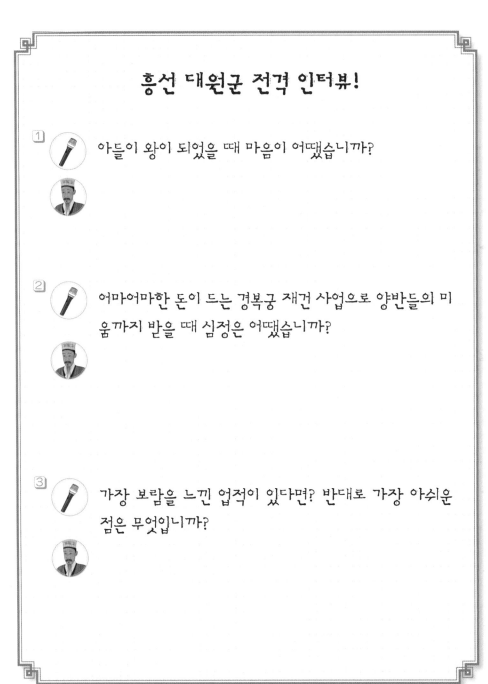

흥선 대원군 전격 인터뷰!

① 아들이 왕이 되었을 때 마음이 어땠습니까?

② 어마어마한 돈이 드는 경복궁 재건 사업으로 양반들의 미움까지 받을 때 심정은 어땠습니까?

③ 가장 보람을 느낀 업적이 있다면? 반대로 가장 아쉬운 점은 무엇입니까?

내가 조선에 온 외국인이라면?

❖ 19세기 말, 한 외국인 상인이 조선에 들어왔어요. 이 상인은 유럽에 가져다 팔 조선 물건 세 가지를 샀어요. 어떤 물건에서 어떤 매력을 느꼈을까요? 그림을 그리고 간단히 소개해 보세요.

1️⃣

2️⃣

3️⃣

19장 | 개화와 척사의 대립

보기를 분류해 보세요.

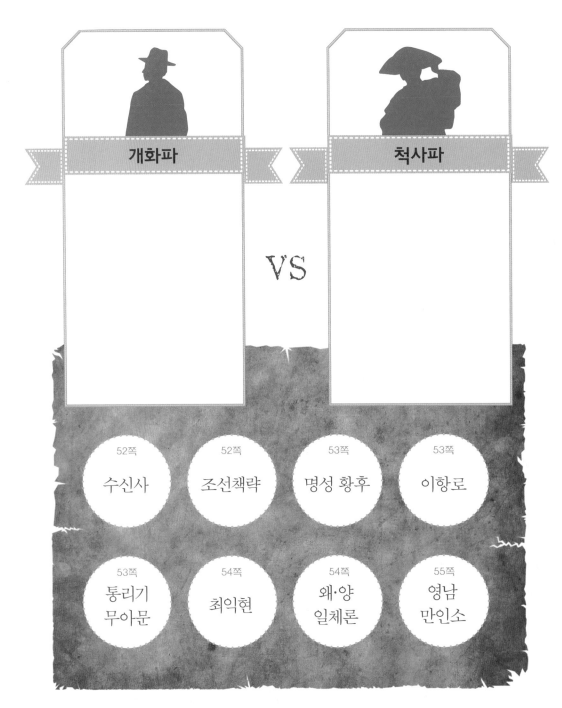

개화파

척사파

VS

52쪽 수신사	52쪽 조선책략
53쪽 명성 황후	53쪽 이항로
53쪽 통리기 무아문	54쪽 최익현
54쪽 왜·양 일체론	55쪽 영남 만인소

질문에 답해 보세요.

제물포 조약

제1조　20일 이내에 <u>이 난리</u>를 일으킨 자를 체포하여 중벌로 다스릴 것.
제2조　피해 입은 일본인을 융숭한 예로 장사 지내 줄 것.
제3조　일본인 피해자 유족들에게 5만 원을 지급할 것.
제4조　폭거로 입은 손해 배상금 50만 원을 5년 거치로 1년에 10만 원씩
　　　청산할 것.
제5조　일본공사관에 군인을 두어 경비하되, 여기서 발생하는 비용은
　　　조선이 부담할 것.
제6조　조선은 대관을 특파하고 국서를 보내어 일본에 사죄할 것.

1 누가 누구에게 제시한 요구 사항인가요? ^{60~61쪽}

2 '이 난리'란 무엇을 뜻하나요? ^{60쪽}

3 이 문서의 문제점은 무엇인가요? ^{64쪽}

3 사건 노트의 빈칸을 채우세요.

○ 사건: ①

○ 발생: 1882년

○ 주요인물: 고종, 명성 황후, 민겸호, 대원군, 구식 군인들

○ 배경: 고종이 개화 정책의 하나로 친위 부대인 신식 군대 '별기군' 양성

○ 원인: 차별 대우를 받던 구식 군인들, 늦게 지급된 군료미에 썩은 쌀과 모래가 섞인 것을 발견

○ 결과: 구식 군인들이 민겸호의 집, 일본 공사관, 별기군 훈련장을 덮친 후 명성 황후를 쫓아내고 대원 군을 환궁시킴. 개화 정책 중단

No. 1

56~59쪽

No. 2

○ 사건: ②

60~62쪽

○ 발생: 1882년

○ 주요인물: 고종, 일본 공사 하나부사

○ 배경: 조선에서 세력을 넓히려는 청·일 경쟁 중에 임오군란이 벌어짐

○ 원인: 일본 공사관이 습격당하는 한 편, 조선을 두고 경쟁 중인 청 나라가 조선에 진입

○ 결과: 일본이 불평등 조약을 내세워 일본군 1개 대대가 조선에 상 주하게 됨

○ 사건 : 납치된 ③

○ 발생 : 1882년

62~63쪽

○ 주요인물 : 명성 황후, 대원군, 마건충

○ 배경 : 청나라는 일본이 조선에서 세력을
넓히려는 것이 못마땅하던 터

○ 원인 : 임오군란 후 명성 황후의 요청으
로 청나라군이 조선에 들어옴

○ 결과 : 대원군은 청나라로 연행되어
3년간 유폐됨. 청나라 군대는
조선에 상주하면서, 본격적인
내정 간섭을 시작

○ 사건 : ④

○ 발생 : 1884년

64~70쪽

○ 주요인물 : 김옥균 등 개화파 인사, 민영
익 등 수구파 인사, 일본 공사

○ 배경 : 임오군란 이후 외세가 거세짐

○ 원인 : 청나라군이 일부 빠져 나간 틈을
타 개화파가 일본과 손을 잡고
조선을 변혁시킬 정변을 계획

○ 결과 : 수구파 신하들 제거. 개화파가
새 정부를 세웠으나 청나라군이
개입해 3일 만에 개화당 정부
의 막을 내림

격돌! 개화 VS 척사

성리학을 근본 삼아
그 밖의 다른 문화는
배척해야 합니다.

러시아의 침략을
막기 위해 중국, 일본,
미국과 좋은 관계를
맺어야 합니다.

서양 열강의
경제 침략이 조선에
엄청난 재앙을 가져올
것입니다.

천주교나
기독교는
주자학과 크게
다르지 않습니다.

서양이나 일본과
손을 잡는 것은
오랑캐를 불러들여
전쟁을 자초하는
것입니다.

조선이 진정한
근대 국가가 되려면
새로운 과학과 기술을
서둘러 도입해야
합니다!

4 질문에 답해 보세요.

1 조선이 일찍이 서양 문물을 받아들여 일본보다 발전한 상태였다면 어땠을까요?

2 내가 만약 조선의 높은 관리라면 개화·척사 중 어느 편에 설까요?

5 개화파 또는 척사파의 관리가 되어 상소문을 써 보세요.

상소문

신 황공하여 머리를 조아리며 주상전하께 아뢰옵니다

신 죽음을 무릅쓰고 전하께 아뢰옵니다

6 조선을 바라보는 일본과 청나라 사람들의 마음을 생각해 보세요.

❖ 개화파와 척사파의 대립이 계속되는 동안 일본과 청나라는 서로 조선을 지배하기 위해 경쟁을 벌이고 있었어요. 그들의 말주머니를 채워 보세요.

*그림 출처: 프랑스 신문 『르 프티 파리지앵』

20장 |
주권 수호의 노력

조선 말 주권 수호에 힘쓴 분들께 표창장을 드리려 합니다. 빈칸을 채워 보세요.

75~80쪽

표 창 장

의병장 전봉준

위 사람은 _____교도들과 농민들의 힘을 한데 모아 이끌고, 일본군과 _____군이 조선에 들어오자 외국 군대 철수와 폐정개혁안을 제시하는 등 주권 수호에 앞장섰으므로 이 상장을 드립니다.

년 　 월 　 일

대한민국 국민 드림

표 창 장

독립협회 창립자 서재필

위 사람은 개화파 지식인들과 함께 _____을 발간, 영은문을 헌 자리에 _____을 세우고, 함께하는 토론회 만민공동회를 여는 등 열강의 침략 속에서 조선인을 깨우치기 위해 힘썼으므로 이 상장을 드립니다.

년   월   일

대한민국 국민 드림

2 잘못된 내용이 적힌 돌을 색칠해 징검돌을 만들고
강을 건너 보세요.

조병갑은 조선 말의 유명한
의병장 이름이에요. 74~80쪽

농민군은 우금치 전투에서
크게 승리했어요. 84쪽

갑오개혁은 총 3차에 걸쳐
실시됐어요. 85~87쪽

을미년에 일본은 명성 황후를
살해했어요. 88쪽

독립협회는 영은문을 헐고
독립문을 세웠어요. 98쪽

도착

3 빈칸을 채워 보세요.

①   74~84쪽

탐관오리에 시달리던 농민과 동학교도가 함께 봉기했어요. 이를 ① _____ 또는 1894년 갑오년에 일어난 일이라 갑오농민혁명이라 해요. 농민군을 진압한다는 핑계로 청나라와 일본에서 군대를 보내자 농민군은 외국 군대 철수를 요구하며 한 발 물러섰어요.

하지만 청·일 전쟁에서 승리한 일본의 내정 간섭이 점점 심해졌어요. 심지어 대규모 개혁 작업인 ② _____ 이 시작됐지요. 농민군은 다시 일어나 조선 관군과 일본군에 맞섰지만 우금치 전투에서 패하고 말았어요.

84~86쪽

②

일본을 견제하기 위해 러시아와 손을 잡은 ③ _____ 는 1895년 을미년, 일본 자객의 손에 무참히 살해당했어요. 그 후, 고종과 세자는 러시아에 보호를 요청해 러시아 공사관으로 피신했어요. 이를 ④ _____ 이라 해요.

③   87~88쪽

④   93~94쪽

89~91쪽

⑤

갑오년 일본의 강압에 의해 처음 시작된 개혁 작업은 해를 넘겨 1896년까지 계속됐습니다. 3차 개혁의 내용 중 하나는 ⑤ 이었어요. 이 명령에 백성들은 분통을 터뜨렸습니다. 거리마다 통곡 소리가 들리고, 가위를 든 체두관과 도망가는 조선 사람들의 쫓고 쫓기는 추격전이 벌어지기도 했습니다.

1896년 많은 사람들의 지지 속에 힘을 얻어 창립된 독립협회는 사대주의의 상징인 영은문을 헐고 독립문을 세우는가 하면 백성들이 생각을 나누는 토론회 ⑥ 를 열었습니다. 독립협회의 개혁 운동이 거세지자, 위기를 느낀 수구파가 반격에 나섰습니다. 독립협회가 고종을 폐위할 속셈이라고 모함한 것이지요. 이에 고종이 독립협회를 해산시키려 하자 이에 반대하는 수천 명의 사람들이 모여 조정을 비판하는 밤샘 시위를 벌였습니다. 조정은 몽둥이로 무장한 보수 단체 황국협회 사람들을 보내 시위장을 아수라장으로 만들었습니다.

99~103쪽

⑥

19세기 말 세계 상황을 돌아봐요.

1885년 미국의 정치풍자 만화가 토머스 나스트가 발표한 한 컷 만화예요. 독일, 영국, 러시아가 아프리카와 아시아를 자루에 집어 담고 있어요. 강대국이 약소국들을 식민지로 삼는 것을 '제국주의'라고 해요.

19세기 후반 강력한 힘과 부를 지닌 강대국들은 자국의 공장에서 만들어 낸 상품들을 판매할 새로운 시장이 필요했어요. 상품 원료를 값싸게 구할 곳도 찾아야 했지요. 그래서 아직 산업이 발달하지 못한 아시아와 아프리카의 나라들을 식민지로 삼기 시작했어요. 영국, 프랑스, 독일, 이탈리아, 미국, 러시아에 이어 일본까지 더 많은 식민지를 차지하기 위해 치열한 경쟁을 벌였어요. 조선은 다른 나라의 식민지가 되지 않기 위해 애썼지만 마음처럼 쉽지 않았어요.

1 식민지가 겪는 어려움을 생각해 보세요.

2 각각의 의견을 뒷받침하는 문장을 이어 써 보세요.

> ✳ **안건** ✳
> 제국주의 열강의 식민지 경쟁은 세계 경제 발전에 도움이 되었다!

찬성팀 어느 상황에서든 경쟁은 벌어지기 마련이고, 우리는 경쟁을 통해 성장합니다.

반대팀 식민지 사람들의 삶은 고달파집니다.

동학 농민 운동에 나간 아버지를 기다리는 아이의
마음을 그림일기로 표현해 보세요.

6 학교에서 열릴 만민공동회를 계획해 보세요.

❖ 우리 학교를 더 좋은 학교로 만들기 위해 어떤 공동회를 열고
싶나요? 내가 계획한 공동회를 알리는 벽보를 완성해 보세요.

제1회 우리 학교 공동회

안건_____

때_____ 곳_____

사랑하는 학우 여러분,

_____

_____

_____고자

긴급 공동회를 개최하니 많은 참석 바랍니다.

21장 |
일제의
국권 침탈

설명이 옳은 칸만 색칠해 보세요. 어떤 글자가 보이나요?

을사조약으로 대한 제국은 자주권이 크게 훼손되었습니다. 109쪽

을사조약 직후 일본은 조선총독부를 설치했습니다. 109쪽	이상설은 나라를 팔아넘긴 을사 5적을 처단하라고 상소했습니다. 111쪽	
고종은 외국 기자들에게 친서를 보내 을사조약의 부당함을 알렸습니다. 112쪽		국채 보상 운동은 일본의 방해 끝에 실패하고 말았습니다. 115쪽
이상설·이준·이위종은 헤이그 만국평화회의에서 크게 환영받았습니다. 116쪽	신민회는 '국민을 새롭게 한다'는 뜻입니다. 120쪽	신민회는 창립 당시부터 일본에 탄압받았습니다. 120쪽

의병들은 해산된 대한 제국 군대와 손을 맞잡고 더욱더 큰 세력으로 성장했습니다. 122쪽

전국의 의병들이 모여 '13도 창의대'를 이루었습니다. 123쪽

안중근은 활발한 문화 운동만으로도 일본의 침략을 막아 낼 수 있다고 굳게 믿었습니다. 125쪽

안중근 의사는 이토 히로부미를 저격했습니다. 125쪽

일본 정부는 안중근 의사의 유해를 순순히 넘겨주었습니다. 129쪽

이토 히로부미가 물러난 자리에는 데라우치가 임명되었습니다. 129쪽

한·일 병합 조약 이후 통감부 대신 조선총독부가 들어섰습니다. 130쪽

일본은 한·일 병합 조약에 찬성한 친일 대신들에게 포상했습니다. 131쪽

『황성신문』은 후에 총독부 기관지가 되었습니다. 132쪽

무단통치 시기의 국어 교과서는 일본어 책이었습니다. 133쪽

전명운과 장인환은 조선이 일본의 속국이 되어야 한다고 주장하는 친일 미국인 스티븐스를 향해 방아쇠를 당겼습니다. 134~135쪽

② 대한 제국 박물관이에요. 무엇에 대한 설명일까요?

제1전시실
일제의 국권 침탈

1905년, 일제에 의해 강제로 체결된 조약이에요. 이 조약으로 외교권이 박탈된 대한 제국은 자주권에 큰 손상을 입었어요. 108~109쪽

을사조약 이후 일본은 이 관청을 설치하고 대한 제국의 외교권뿐 아니라 경제·정치 등 내정 간섭을 강화했어요. 109쪽

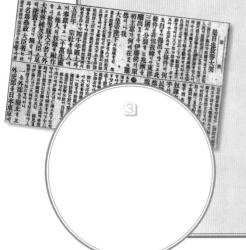

을사조약의 부당함을 전하는 목소리가 들불처럼 번져 나가는 가운데 『황성신문』에는 "이날 어찌 소리 높여 통곡하지 않겠는가"라는 뜻을 담은 장지연의 이 글이 게재되었어요. 111~112쪽

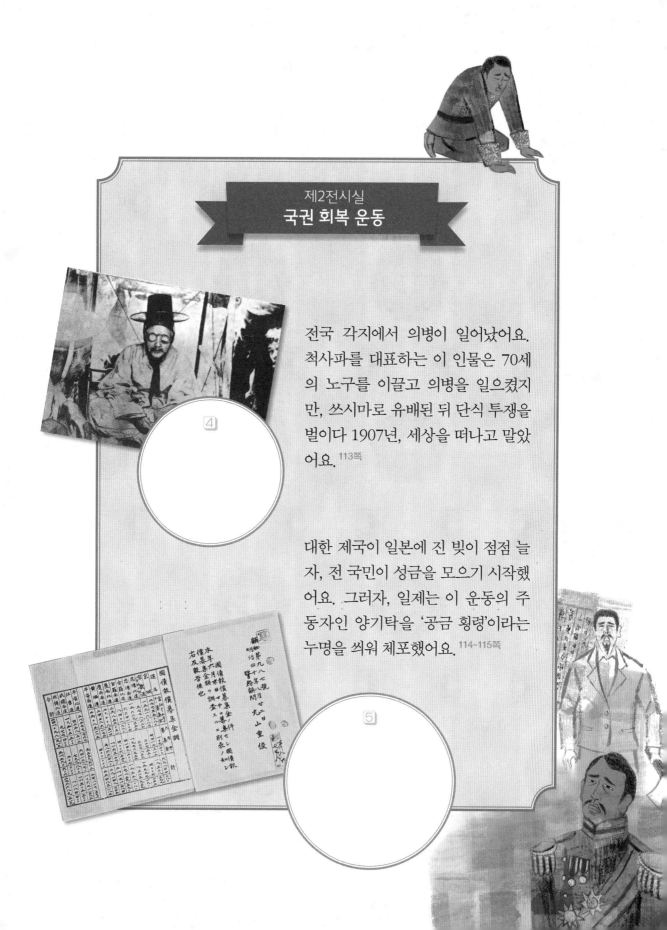

제2전시실
국권 회복 운동

전국 각지에서 의병이 일어났어요. 척사파를 대표하는 이 인물은 70세의 노구를 이끌고 의병을 일으켰지만, 쓰시마로 유배된 뒤 단식 투쟁을 벌이다 1907년, 세상을 떠나고 말았어요. 113쪽

대한 제국이 일본에 진 빚이 점점 늘자, 전 국민이 성금을 모으기 시작했어요. 그러자, 일제는 이 운동의 주동자인 양기탁을 '공금 횡령'이라는 누명을 씌워 체포했어요. 114~115쪽

고종이 일본의 침략 사실을 알리고자, 1907년 네덜란드 헤이그 만국 평화회의에 파견한 대한 제국의 비밀 특사예요. 그러나 제국주의 국가들은 일본 편을 들어 이들을 외면했어요. 116~118쪽

1907년, 비밀 결사 조직인 '신민회'를 조직해 애국 계몽 운동에 나선 인물입니다. 신민회는 신문과 잡지를 발행해 국민의 지식을 계발하고, 학교를 설립해 인재를 양성하며, 무관 학교를 설립해 독립 전쟁에 대비하고, 독립군 기지를 건설하는 등 일곱 가지 사업을 벌였습니다. 119~120쪽

순종이 즉위한 후 일본은 대한 제국의 군대를 해산시켰습니다. 이 소식이 전해지자 전국 각지에서 의병이 일어났지요. 고광순 의병장의 태극기에는 곧 국권을 회복하겠다는 의지를 담은 '불원복' 자가 적혀 있었어요. 121~124쪽

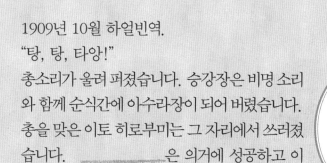

1909년 10월 하얼빈역.
"탕, 탕, 타앙!"
총소리가 울려 퍼졌습니다. 승강장은 비명 소리
와 함께 순식간에 아수라장이 되어 버렸습니다.
총을 맞은 이토 히로부미는 그 자리에서 쓰러졌
습니다. ＿＿＿＿＿＿＿은 의거에 성공하고 이
듬해 교수형에 처해졌습니다. 124~129쪽

⑨

제3전시실
일제의 무단 통치

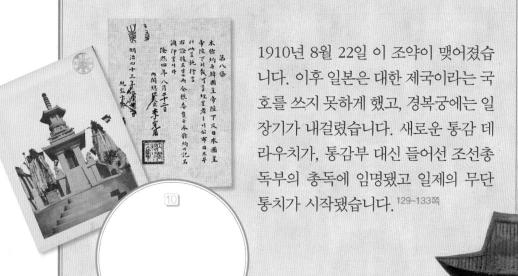

⑩

1910년 8월 22일 이 조약이 맺어졌습
니다. 이후 일본은 대한 제국이라는 국
호를 쓰지 못하게 했고, 경복궁에는 일
장기가 내걸렸습니다. 새로운 통감 데
라우치가, 통감부 대신 들어선 조선총
독부의 총독에 임명됐고 일제의 무단
통치가 시작됐습니다. 129~133쪽

위기에 빠진 나라를 위해 국민들이 벌인 두 가지
운동을 돌아봐요.

국채를 갚기 위해 온 국민이 나서다

여성은 금반지와 은비녀를 내놓았고, 고종 황제를 비롯해 수많은 남성은 담배를 끊었다. 해외 유학생과 교포까지 돈을 보내왔다. 덕분에 성금은 230만 원에 이르렀다.

나라의 위기를 이겨 내기 위해 나선 국민들

1997년 12월 대한민국은 국가 부도 위기에 처해 IMF에 구제 금융을 요청했다. 이러한 위기를 이겨 내고자 국민들이 자발적으로 펼친 금 모으기 운동이 큰 성과를 이루었다. 두 달간 350만 명이 참여해 약 227톤(21억 달러)의 금을 모았다.

1 왼쪽 자료를 읽고 두 운동을 비교해 설명해 보세요.

2 대화 속 줄임말을 써 보세요.

1 일본이 국채 보상 운동을 방해한 이유는······.

2 만약 그때 국채 보상 운동이 성공했다면······.

국채 보상 운동은 왜 실패했을까?

1910년 8월 29일, '대한 제국'이라는 이름은 지구 상에서 사라졌어요. 그 소식을 들은 당시 어린이들의 마음을 시로 표현해 보세요.

우리나라의 상징인 태극기를 그려 보세요.

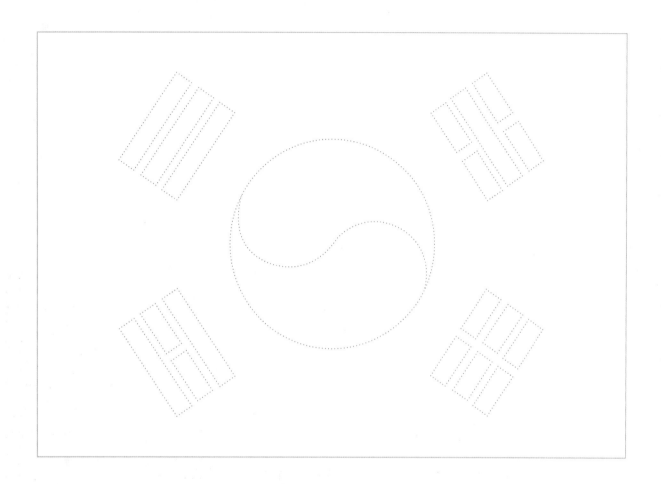

태극기 중앙의 원은 음(파랑)과 양(빨강)의 조화를 의미한대요. 예부터 동양에서는 우주의 만물을 빚어 내는 창조 원리를 '태극'이라 했는데, 바로 이런 생각을 그림으로 표현한 것이죠. 네 모서리에 그려진 건·곤·감·리 4괘는 각각 하늘, 땅, 물, 불을 표현해요. 태극기는 하늘, 땅, 물, 불 속에서 음양이 조화를 이뤄 우주 만물이 생성된다는 생각을 담고 있다고 해요.

22장 │
독립 투쟁을
벌이다

1 누구에 대한 설명일까요? 이름을 찾아 동그라미해 보세요.

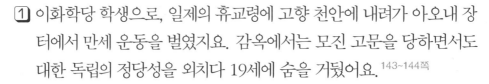

1. 이화학당 학생으로, 일제의 휴교령에 고향 천안에 내려가 아오내 장터에서 만세 운동을 벌였지요. 감옥에서는 모진 고문을 당하면서도 대한 독립의 정당성을 외치다 19세에 숨을 거뒀어요. 143~144쪽

| 김 | 이 | 박 | 유 | 재 | 민 | 광 | 관 | 소 | 순 | 최 |

2. 이 사람이 이끌던 군대는 봉오동 골짜기에서 일본군에 크게 승리했어요. 무장 독립군의 첫 싸움이었는데 덕분에 이웃 부대들도 큰 용기를 얻었지요. 151쪽

| 최 | 김 | 박 | 전 | 홍 | 두 | 범 | 화 | 임 | 장 | 도 |

3. 한글을 알리고 연구하는 데 힘을 쏟은 '조선어 연구회'의 일원인 이 사람은 보퉁이를 들고 이 학교 저 학교 돌아다니며 한글을 가르쳤어요. 그래서 별명이 '주 보퉁이'였지요. 154쪽

| 이 | 장 | 주 | 조 | 긴 | 사 | 시 | 경 | 군 | 창 | 원 |

4. 이 사람은 일본 왕의 생일과 상해사변 승전을 축하하는 기념식장에 폭탄을 던졌어요. 이때 여러 일본군 고위 장교와 관리 들이 목숨을 잃거나 다쳤어요. 161쪽

| 우 | 윤 | 박 | 정 | 봉 | 사 | 랑 | 길 | 성 | 친 | 길 |

2 맞는 것에 O, 틀린 것에 X를 표시해 보세요.

1919년 3월 1일 민족대표들이 탑골공원에서 '대한 독립 만세'를 제창했어요. 140~141쪽

⬜ 1

1919년 4월 상해에 하나로 통합된 임시정부가 수립됐어요. 임시정부는 민주 공화정을 국가 체제로 삼았어요. 147쪽

⬜ 2

청산리 전투에서 대한 독립군과 북로 군정서는 힘을 합쳐 6일 동안 일본군과 싸워 큰 승리를 거뒀습니다. 153쪽

⬜ 3

3·1운동 이후 일제는 무단 통치를 내세웠습니다. 155쪽

⬜ 4

일본은 학교에서 우리말 사용을 금지시켰고, 이름도 일본식으로 바꾸게 했습니다. 165~166쪽

⬜ 5

1945년 8월 15일 우리나라는 광복을 맞이했습니다. 171쪽

⬜ 6

3 빈칸을 채워 보세요.

1920년   1930년

| 1919 | 1920 | 1926 | 1929 |

①   141쪽

②   148~153쪽

6·10
만세 운동

③   156쪽

제암리
학살
사건

1922

어린이날
제정

1940년

1932	1938	1939	1945

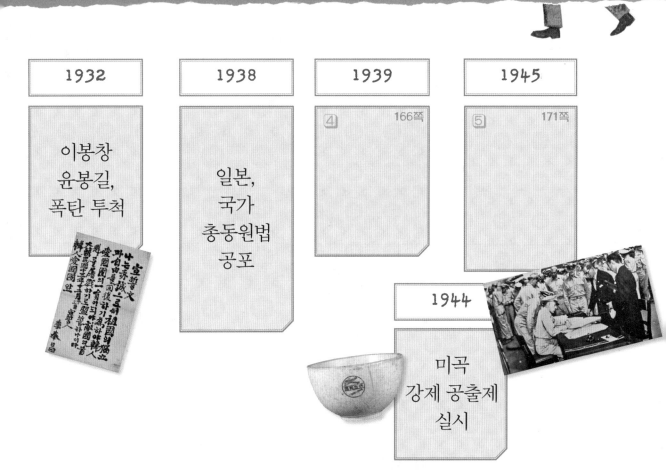

1932

이봉창
윤봉길,
폭탄 투척

1938

일본,
국가
총동원법
공포

1939

④   166쪽

1945

⑤   171쪽

1944

미곡
강제 공출제
실시

👆 **보기**   3·1 만세 운동, 봉오동 전투, 청산리 전투, 광주 항일
학생 운동, 일본식 이름 강요(창씨개명), 8·15 해방

어떤 땅의 역사

친일파 이 아무개 씨의 후손이
국가를 상대로 '상속받은 땅을 되찾겠다'며
또다시 소송을 냈습니다. 을사조약 체결 당시
왕실 종친이었던 이 아무개 씨는 궁내 동정을
일본 경찰에게 알리는 등 조약 체결에
협력했으며, 경술국치 이후 일본 천황에게서
남작 작위를 받았습니다.

친일파 토지
후손에게 반환 말라

친일파 토지
국가가 지켜라

친일재산 환수없이
사회 통합 없다!

친일 행위
용인 없는
사법 정의
실현 하자

4 질문에 답해 보세요.

1 '친일파'는 어떤 사람을 말하나요?

2 친일파 후손의 토지 반환 소송에 대해 자신의 의견과 근거를 써 보세요.

친일파 후손의 토지 반환 소송은 잘못이 없다/잘못된 일이다.

왜냐하면 _____

_____

_____

3 국가에 귀속된 친일파의 토지를 어떻게 사용하면 좋을지 의견을 제시해 보세요.

독립운동가의 하루 일과를 상상해 보세요.

1 기억나는 독립운동가 한 사람을 선택해 보세요.

2 **1** 에서 떠올린 독립운동가의 하루 생활 계획표를 그려 보세요.

3 이 독립운동가는 현재를 살고 있는 대한민국 후손들에게 어떤 말을 하고 싶을지 상상해 연설을 완성해 보세요.

후손 여러분 _____ 입니다.

대한민국의 모습을 보니

세계사와 함께 보는
한국사

1000년경
주나라 건국

753년
로마 건국

600년경
석가 탄생

551년경
공자 탄생

525년
페르시아, 오리엔트 통일

3000년경
이집트 문명 시작

2500년경
황허 문명과
인더스 문명 시작

기원전
100만년

기원전
5000년

기원전
1000년

70만년경
1권 13쪽을 보세요

8000년경
신석기 문화 시작

2000년경
청동기 문화 보급

2333년
1권 35쪽을 보세요

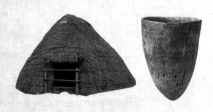

❖『스토리텔링 초등 한국사 교과서』를 참고해 빈칸을 채워 보세요.

492년
페르시아 전쟁

431년
펠로폰네소스 전쟁

91년
사마천 『사기』 저술

334년
알렉산드로스 대왕 동방 원정

4년
그리스도 탄생

221년
진나라, 중국 통일

202년
한나라 건국

기원전
500년

기원전
100년

400년경

1권 44쪽을 보세요

100년경
부여가 나라의 모습을 갖추어 감

194년
위만, 고조선의 왕이 됨

57년
박혁거세, 신라 건국

108년
고조선 멸망

37년

1권 56쪽을 보세요

18년
온조, 백제 건국

정답은 95쪽에서 확인하시게나!

313년
로마, 크리스트교 공인

316년
중국, 5호 16국 시대

375년
게르만 민족 대이동

105년
채륜, 제지법 발명

220년
후한 멸망, 삼국 시대 시작

395년
로마 제국, 동서 분열

100년　　200년　　300년

194년
고구려 진대법 실시

260년
백제, 16관등과 공복 제정

313년
고구려, 낙랑군 멸망시킴

371년
1권 68~69쪽을 보세요

372년
1권 108쪽을 보세요

384년
백제에 불교 전래

396년
광개토 대왕의 백제 공격,
아신왕 항복

439년
중국, 남북조 성립

476년
서로마 제국 멸망

486년
프랑크 왕국 건국

529년
유스티니아누스 법전 완성

537년
콘스탄티노플의 성 소피아 성당 건립

589년
수나라, 중국 통일

400년

500년

400년
신라의 요청으로 고구려군 4만 명이 왜구를 격퇴

405년
백제, 일본에 한학을 전함

427년
고구려, 평양으로 도읍 옮김

433년
나·제 동맹

475년

1권 71쪽을 보세요

503년
신라, 국호와 왕호 정함

512년
이사부, 울릉도를 신라에 복속시키다

520년
신라, 율령 반포

527년
신라, 불교 공인

536년
신라 연호 사용

538년

1권 74쪽을 보세요

552년
백제, 일본에 불교 전함

610년
무함마드, 이슬람교 창시

618년
당나라 건국

638년
이슬람, 예루살렘 정복

651년
사산 왕조, 이슬람에 멸망

710년
일본, 나라로 도읍을 옮김

712년
당나라, 현종 즉위

750년
아랍 제국, 압바스 왕조 창건

771년
카롤루스 대제, 프랑크 왕국 통일

600년

700년

612년
살수 대첩

645년
고구려, 안시성 싸움에서 승리

660년
백제, 황산벌 전투 끝에 멸망

668년
1권 127쪽을 보세요

676년
1권 131쪽을 보세요

685년
9주 5소경 설치

698년
발해 건국

727년
혜초 스님, 『왕오천축국전』 저술

751년
불국사와 석굴암 창건 시작

771년
성덕 대왕 신종 주조

788년
독서삼품과 설치

790년
신라, 발해와 교류 시작

825년
바이킹, 잉글랜드 침략

870년
메르센 조약,
프랑크 왕국 분열

875년
당나라, 황소의 난

907년
당나라 멸망

916년
거란 건국

946년
거란, 국호를 '요'라 고침

800년

900년

822년
신라의 김헌창이 반란을
일으키고 '장안국'을 세움

828년

1권 140쪽을 보세요

874년
최치원,
당나라에서 과거 합격

888년
신라, 『삼대목』 편찬

900년
견훤, 후백제 건국

901년
궁예, 후고구려 건국

918년
왕건, 고려 건국

926년
발해 멸망

935년
신라 멸망

936년

1권 170쪽을 보세요

960년
송나라 건국

962년
오토1세,
신성 로마 황제 대관

1037년
셀주크 투르크 제국 건국

1066년
노르망디 공 윌리엄,
잉글랜드 정복

900년

1000년

918년
왕건, 고려 건국

936년
고려, 후삼국 통일

956년

2권 14쪽을 보세요

958년
과거 제도 실시

993년

2권 25쪽을 보세요

1009년
강조의 정변

1010년
거란의 2차 침입

1019년
귀주 대첩

1086년
의천, 교장도감을 두고
교장을 조판

1097년
주전도감 설치

1115년
금나라 건국

1127년
북송 멸망, 남송 시작

1163년
프랑스, 노트르담 성당 건축 시작

1192년
일본, 가마쿠라 막부 성립

1100년

1102년
해동통보 주조

1107년
윤관, 여진 정벌

1126년
이자겸의 난

1135년

2권 36쪽을 보세요

1145년
김부식, 『삼국사기』 편찬

1170년

2권 40쪽을 보세요

1198년
노비 만적의 난

정답은 95쪽에서 확인하시게나!

1206년
칭기즈 칸, 몽골 통일

1215년
영국, 대헌장 제정

1241년
신성 로마 제국, 한자 동맹 설립

1271년
원나라 성립

1279년
남송 멸망

1299년
마르코 폴로, 『동방견문록』 출판

1309년
교황, 아비뇽에서 유폐됨

1321년
단테, 『신곡』 완성

1368년
원나라 멸망, 명나라 건국

1200년

1300년

1231년
몽골, 제1차 침입

1232년
강화 천도

1234년
금속 활자로
『상정고금예문』 간행

1236년
고려 대장경 새김

1274년
여·원 연합군 일본 정벌

1359년
홍건적의 침입

1377년
『직지심체요절』 인쇄

1388년

2권 76쪽을 보세요

1392년

2권 80쪽을 보세요

1394년
한양 천도

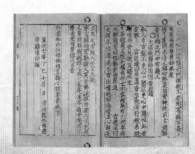

1405년
명나라, 정화의 남해 원정

1429년
잔다르크, 영국군 격파

1450년
구텐베르크, 활판 인쇄술 시작

1455년
장미 전쟁 시작

1492년
콜럼버스, 아메리카 항로 개척

1498년
바스쿠 다가마, 인도 항로 개척

1400년

1413년
지방 행정
조직 완성(8도)

1441년
측우기 제작

1443년
훈민정음 창제

1446년

2권 91쪽을 보세요

1485년

2권 101쪽을 보세요

1517년
루터의 종교 개혁

1519년
마젤란의 세계일주

1588년
영국, 무적 함대 격파

1600년
영국, 동인도회사 설립

1603년
일본, 에도 막부 성립

1616년
후금의 건국

1618년
독일, 30년 전쟁

1500년

1600년

1510년
3포 왜란

1543년
백운동 서원 세움

1592년

2권 114쪽을 보세요

1608년
경기도에 대동법 실시

1610년
『동의보감』 완성

1623년

2권 129쪽을 보세요

1627년
정묘호란

1636년
병자호란

1642년
영국, 청교도 혁명

1644년
청나라, 중국 통일

1688년
영국, 명예 혁명

1689년
영국, 권리 장전 발표

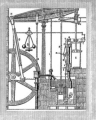

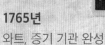

1765년
와트, 증기 기관 완성

1776년
미국, 독립선언

1789년
프랑스 혁명

1700년

1645년
소현 세자, 과학·천주교 등을 조선에 소개함

1653년
하멜, 제주도에 표착

1678년
상평통보 주조

1696년
안용복, 독도에서 일본인 몰아냄

1708년
대동법 전국 시행

1712년
백두산 정계비 건립

1725년
탕평책 실시

1750년
균역법 시행

1776년

2권 145쪽을 보세요

1785년
『대전통편』 완성

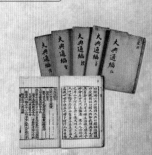

1863년
링컨, 노예 해방 선언

1865년
멘델, 유전 법칙 발견

1869년
수에즈 운하 개통

1870년
프랑스·프로이센 전쟁

1877년
인도 제국 성립

1840년
아편 전쟁

1848년
프랑스, 2월 혁명

1861년
미국, 남북 전쟁

1800년

1801년

3권 26쪽을 보세요

황사영 백서 사건

1811년
홍경래의 난

1831년
천주교 조선 교구 설치

1839년
기해박해

1860년
최제우, 동학 창시

1861년
김정호, 대동여지도 제작

1866년
병인박해
병인양요

1871년
신미양요
흥선 대원군, 척화비 세움

1875년
운요호 사건

1876년

3권 48쪽을 보세요

1879년
지석영, 종두법 실시

1893년
디젤 기관 발명

1894년
청·일 전쟁

1895년
뢴트겐, X선 발견

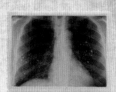

1896년
제1회 올림픽 개최

1899년
헤이그 만국 평화 회의

1882년
독일·오스트리아·이탈리아 삼국 동맹 성립

1884년
청·프랑스 전쟁

1880년
수신사 김홍집 일행, 일본 파견

1882년
임오군란

1883년
『한성순보』 간행

1884년

3권 69쪽을 보세요

1886년
노비 세습제 폐지

1889년
함경도 방곡령 실시

1894년

3권 75쪽을 보세요

1895년
을미사변

1896년
아관 파천
독립협회 설립

1897년
대한 제국 성립

1898년
만민공동회 개최

정답은 95쪽에서 확인하시게나!

1903년
라이트 형제, 비행기 발명

1904년
러·일 전쟁

1905년
러시아·일본, 포츠머스 강화 조약 체결

1911년
중국, 신해혁명

1914년
제1차 세계대전

1917년
러시아, 10월 혁명

1919년
파리 강화 회의
중국, 5·4 운동
독일, 바이마르 헌법 제정

1923년
관동 대지진

1929년
세계 경제 공황

1900년

1904년
한·일 의정서 체결

1905년
경부선 개통
을사조약

1907년
헤이그 특사 파견
고종 황제 퇴위

1908년
장인환·전명운, 스티븐스 사살
일본, 동양 척식 주식회사 설립

1909년
안중근, 이토 히로부미 사살

1910년
3권 129쪽을 보세요

1914년
이상설, 대한 광복군 정부 수립

1919년
3권 140쪽을 보세요

제암리 학살 사건

1920년
봉오동 전투, 청산리 전투
조선 물산 장려회 창립

1922년
어린이날 제정

1923년
김상옥, 종로경찰서에 폭탄 투척

1926년
3권 156쪽을 보세요

1927년
신간회 조직

1929년
원산 노동자 총파업, 광주 학생 항일 운동

1931년
만주 사변

1934년
독일, 히틀러가 총통에 취임

1937년
중·일 전쟁

1939년
제2차 세계대전 발발
소련, 폴란드 침공

1940년
독일·이탈리아·일본 삼국 동맹

1941년
태평양 전쟁

1943년
이탈리아 항복

1944년
노르망디 상륙 작전

1945년
얄타 회담
포츠담 선언
미국, 일본 히로시마·나가사키 원자폭탄 투하
일본 항복, 제2차 세계대전 종결

1932년
이봉창, 일왕에 폭탄 투척
윤봉길, 상하이 훙커우 공원에 폭탄 투척

1937년
최현배, 『우리말본』 간행

1939년
일본, 조선에 국민 징용령 공포

1940년
총독부, 일본식 이름 강요
한국 광복군 창설

1941년
대한 민국 임시정부, 일본에 선전포고

1942년
조선어 학회 사건

1944년
미곡 강제 공출제 실시

1945년

3권 171쪽을 보세요

1946년
1차 미·소 공동위원회 개최

1948년
제주 4·3 사건
5·10 총선거
대한민국 헌법 공포
대한민국 정부 수립
UN, 한국 정부 승인

1949년
반민족 행위 특별 조사 위원회 발족
김구 피살

1946년
1차 UN 총회 개최

1949년
북대서양 조약기구
NATO 설립

1967년
3차 중동 전쟁

1969년
미국, 아폴로 11호 달 착륙

1950년
UN, 한국 파병 결의

1972년
아랍 게릴라, 뮌헨 올림픽 테러
중·일 수교

1958년
유럽공동체 EEC 발족

1959년
쿠바 혁명

1973년
전 세계 유류 파동

1900년

1950년
6·25 전쟁
인천 상륙 작전
9·28 서울 수복

1963년
박정희 정부 수립

1965년
베트남 파병
한·일 협정 조인

1951년
1·4 후퇴

1970년
새마을 운동 제창
경부고속도로 개통

1953년
반공 포로 석방
휴전 협정 조인

1972년
7·4 남북 공동 성명
10월 유신

1960년
3·15 부정 선거

3권 176쪽을 보세요

4대 대통령 윤보선 취임

1977년
수출 100억 달러 달성

1961년
5·16 군사 정변

1979년
10·26 사태, 박정희 대통령 피격 사망

1962년
1차 경제 개발 5개년 계획

1980년

3권 180쪽을 보세요

1980년
이란·이라크 전쟁

1986년
필리핀 민주 혁명

1990년
베를린 장벽 붕괴, 독일 통일

1995년
세계 무역 기구 WTO 출범

2003년
미국·이라크 전쟁

2008년
세계 금융 위기

2010년
'아랍의 봄' 시위

2000년

1986년
서울 아시아 경기 대회

1987년
박종철 고문 치사 사건

3권 181쪽을 보세요

1988년
서울 올림픽 개최

1990년
남·북 총리 회담

1992년
중국과 국교 수립

1996년
경제 협력 개발 기구
OECD 가입

1998년
김대중 정부 출범

2000년
3권 182쪽을 보세요

2002년
한·일 월드컵 개최

2003년
노무현 정부 출범

2008년
숭례문, 화재로 소실
이명박 정부 출범

2013년
박근혜 정부 출범

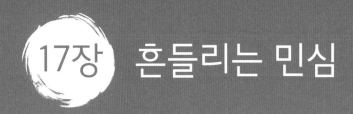

17장 흔들리는 민심

1 ① 수렴청정 ② 세도 정치 ③ 홍경래 ④ 철종 ⑤ 삼정 ⑥ 선혜청 ⑦ 탐관오리 ⑧ 진주 민란 ⑨ 동학 ⑩ 천주교 ⑪ 김대건 ⑫ 김정호 ⑬ 김정희

2 ① 정순 왕후 ② 신유박해 ③ 안동 김씨 ④ 홍경래의 난 ⑤ 순교 ⑥ 최제우 ⑦ 대동여지도 ⑧ 삼정이정청

3 **1 생각열쇠** 탐관오리의 수탈 속에서 민중의 불만은 커져 갔습니다. 단적인 예가 바로 삼정이었어요. 만화 속에는 삼정의 문란에 고통받는 조선 민중들의 모습이 잘 드러나 있어요. ㉠ 가난하고 약한 사람일수록 높은 세금에 시달리는 사회였다. 신분에 따라 차별 대우를 받는 사회에서, 사람들은 새로운 세상을 꿈꾸기 시작했다. 천주교와 동학 같은 새로운 종교에 눈을 뜨기 시작한 것이다.

2 생각열쇠 익숙한 일에 변화를 주거나 누리던 것을 포기하는 일은 쉽지 않습니다. 내가 양반이라면 어떤 선택을 할지 생각해 보세요. ㉠ 그러게 말입니다. 천한 것들이 제정신이 아닌 게지요. 그들을 부추기는 서학과 동학을 하루빨리 몰아내야 하는 게 아닌가 싶습니다.

4 **생각열쇠** 지도를 정확하게 그리기 위해 노력했던 김정호의 마음을 돌아보며, 우리도 지도를 그려 봐요.

18장 대원군의 개혁 정책과 외세의 침략

1 ① 서원 ② 경복궁 ③ 당백전 ④ 병인박해   **2** 강화도 조약(조·일 수호 조규)

3 유럽 국가와 조선의 대립 ━━━✕━━━ 미국과 조선의 대립 ━━✕━━

4 ① 생각열쇠 강대국이 약소국에 불리한 조건을 제시해 맺는 조약을 '불평등 조약'이라고 해요. 일본은 미국과 맺은 불평등 조약의 방식을 그대로 따라 조선에 불평등 조약을 제시했지요. ⑩ 양쪽 다 강한 나라의 위협에 의해 강제로 맺어진 조약으로 약소국이 보호받기 어려운 조건을 제시하고 있다.

② 생각열쇠 식민지 지배국은 강해지지만 식민지가 된 나라는 경제적으로 수탈당하고 문화적으로 억압받습니다. ⑩ 내 생각은 달라. 이익에 따라 행동하는 것이 항상 옳은 건 아니잖아. 조선은 일본의 식민지가 되었던 시절, 한글도 제대로 쓸 수 없었어. 강한 나라의 자유를 위해 약한 나라의 자유를 빼앗는 건 결코 옳지 않아.

5 생각열쇠 『스토리텔링 초등 한국사 교과서』 3권 18장에는 흥선 대원군이 다스리던 조선의 시대상이 그려져 있어요. 책 속 내용을 되짚으면서 흥선 대원군은 그때 왜 그런 선택을 했을지 생각해 보세요. ⑩ ① 아들을 도와 세도 정치로 엉망이 된 나라를 개혁하고 싶었습니다. ② 솔직히 저도 겁이 났습니다. 세금이나 기부금을 자꾸 내라면 불만이 커지니까요. ③ 나라를 개혁하기 위해 서원을 철폐하고 양반들도 세금을 내게 한 것은 잘했다고 생각합니다. 세도 정치를 몰아낸 것도요. 다만 쇄국 정책은 좀 아쉽습니다. 그때는 쇄국 정책으로 나라 힘 먼저 키우는 것이 먼저라고 생각했어요.

6 생각열쇠 서양 사람 눈에 조선 사람들의 생활 모습이 어떻게 보였을까요? 가능하면 서양 사람들이 신기해 할 물건을 골라 보세요. 그래야 자랑을 늘어놓을 기분도 나겠지요. ⑩ ① 민화 <까치와 호랑이> ② 인삼 ③ 한복

19장 개화와 척사의 대립

1 개화파 수신사, 조선책략, 명성 황후, 통리기무아문
척사파 이항로, 최익현, 왜·양 일체론, 영남 만인소

2 ① 일본이 조선에게 ② 임오군란 ③ 일본 군대를 자연스럽게 조선에 주둔시키려 하고 있다. 또 거기서 발생하는 각종 부담을 조선에 떠맡기려고 한다.

3 ① 임오군란 ② 제물포 조약 ③ 흥선 대원군 ④ 갑신정변

4 ■ 생각열쇠 원인에 따라 결과가 달라진다는 것을 명심하세요. 예 일본보다 먼저 서양 열강의 식민지가 되었을 것이다. 당시 조선이 새로운 기술을 적극적으로 받아들인다 해도 서양 열강의 침략을 막기는 어려웠을 것이기 때문이다.
■ 예 개화파. 서양 열강의 계속되는 압력 속에 문을 닫아걸고 있기에는 한계가 따를 수밖에 없다. 그렇다면 하루빨리 스스로 개화의 길을 택해 서양 열강이나 일본의 속셈을 알아채고 거기에 맞춰 대응할 방법을 찾아야 할 것이다.

5 생각열쇠 개화파나 척사파 양편 다 나라의 장래를 걱정하는 마음은 같았다는 점을 유념하고 그러한 마음을 담아 써 보세요. 예 신 황공하여 머리를 조아리며 주상전하께 아뢰옵니다. 전하, 하루빨리 척사 대신 개화 정책을 펴시기를 신 간곡히 바라옵니다. 문을 걸고 버티는 것은 한계가 있사옵니다. 차라리 서양의 새로운 기술을 받아들여 힘을 키우면서 차근차근 일본을 비롯한 오랑캐를 내보내는 것이 옳은 방법이라 생각되옵니다. 신 죽음을 무릅쓰고 전하께 아뢰옵니다.

6 예① 청나라는 이미 이빨 빠진 호랑이예요. 우리 일본이 청나라에 밀리다니 말이 안 되지요. ② 이게 다 우리가 서양에 힘을 빼앗긴 탓이에요. 절대 조선을 내줘서는 안 돼요.

20장 주권 수호의 노력

1 ① 동학, 청나라 ② 독립신문, 독립문

2

3 ① 동학 농민 운동 ② 갑오개혁 ③ 명성 황후 ④ 아관 파천 ⑤ 단발령
⑥ 만민공동회

4 ① **생각열쇠** 구체적인 사례는 『스토리텔링 초등 한국사 교과서』 3권 72~73쪽에 소개된
'방곡령' 이야기에서 살펴볼 수 있어요. **예** 식민지 국가들은 강대국의 값싼 상품을 사서
쓰면서 자국의 물건을 사용하지 않게 된다. 그러면서 국내 산업을 발전시키지 못한다.
또한 원료를 싼값에 빼앗겨 점점 가난해진다.

② **생각열쇠** 안건에 대해 각각 어떤 근거를 가지고 찬성·반대 의견을 펼지 생각해 보세
요. 19세기 말 조선은 식민지가 된 나라 입장을, 일본은 식민지를 만든 나라의 입장을 보
여 줍니다. **예 찬성팀** 어느 상황에서든 경쟁은 벌어지기 마련이고, 우리는 경쟁을 통해
성장합니다. 만약 그 당시 식민지 경쟁을 할 수 없었다면 서양 열강은 오늘날처럼 발전

하기 힘들었을 것입니다. 물건을 만들어도 팔 곳이 없기 때문입니다. 전 세계 발전을 위해 약소국이 희생을 했다고 생각할 필요가 있습니다. **반대팀** 식민지 사람들의 삶은 고달파집니다. 세계 경제 발전이 아니라 강대국들만의 발전이고, 진정한 발전이라고 볼 수 없습니다. 몇몇 부자를 배불리느라 가난한 사람들이 착취당하는 현실과 다르지 않습니다.

5 **생각열쇠** 당시 농민군은 조정이 보낸 관군과 청나라군·일본군까지 가세한 위험한 싸움을 하고 있었어요. 이러한 상황에서 아버지가 무사히 돌아오기를 기다리는 아이의 마음에 어울리는 그림과 생각해 보세요. 예 **그림** 칼을 든 아버지와 다른 농민군이 싸움에 이기고 돌아오는 모습 **글** 농민군이 이겼으면 좋겠다. 혹시 지더라도 아버지는 다치지 않고 돌아오면 좋겠다.

6 **생각열쇠** 토론은 어떤 문제를 두고 찬성편과 반대편이 나뉘어 상대방을 설득하는 말하기이고, 토의는 두 사람 이상이 모여 가장 좋은 해결 방법을 함께 찾아나가는 말하기예요. 안건에 따라 어울리는 방법을 채택하고 공동회를 계획해 보세요. 예 **안건** 체육시간을 알차게 보낼 수 있는 방법 찾기 **때** 이번주 금요일 점심 급식을 먹은 후 **곳** 강당 **내용** 사랑하는 학우 여러분, 우리 대부분은 야외에서 상쾌한 공기를 가르며 체육 수업을 하기를 원합니다. 하지만 체육 수업을 교실에서 하는 선생님이 많기에 모든 학생들이 체육 수업을 즐길 수 있도록 좋은 해결 방법을 찾아보고자 긴급 공동회를 개최하니 많은 참석 바랍니다.

21장 일제의 국권 침탈

1

조선

2 ① 을사조약 ② 통감부 ③ 시일야방성대곡 ④ 최익현 ⑤ 국채 보상 운동
⑥ 헤이그 특사 ⑦ 안창호 ⑧ 불원복 태극기 ⑨ 안중근 ⑩ 한·일 병합

3 ① **생각열쇠** 두 운동의 공통점은 무엇일까요? 국채 보상 운동과 금 모으기 운동은 나라의 위기를 스스로 이겨 내자는 뜻에서 국민들이 벌인 운동이다. 국민들의 열정적인 참여로 두 운동 모두 많은 성금과 금을 모았다.
② **생각열쇠** 빚을 갚겠다는데 일본이 훼방을 놓는 것이 영 수상쩍지요? 만약 제대로 빚을 갚았다면 어땠을까요? ① 일본이 국채 보상 운동을 방해한 이유는 일본에 진 빚을 갚으면 일본이 대한 제국을 마음대로 할 수 없기 때문일 거야. ② 만약 그때 국채 보상 운동이 성공했다면 대한 제국은 일본의 간섭에서 벗어났을 테고 일본의 식민지가 되는 일만은 일어나지 않았을 거야.

4 **생각열쇠** 나라 잃은 민중의 마음을 상상해 보세요. 아무도 우리에게 묻지 않았다 / 아무도 대답할 수 없었다 / 수천 년 역사가 단 하루, 다섯 까막새의 노래에 사라져 버릴까 / 팔아넘긴 것은 너희 다섯 까막새의 양심 / 너희들이 판 것은 이 땅이 아니다

5

22장 독립 투쟁을 벌이다

1 ① 유관순 ② 홍범도 ③ 주시경 ④ 윤봉길 **2** ① × ② ○ ③ ○ ④ × ⑤ ○ ⑥ ○

3 ① 3·1 만세 운동 ② 봉오동 전투, 청산리 전투 ③ 광주 항일 학생 운동
④ 일본식 이름 강요(창씨개명) ⑤ 8·15 해방

4 **1** 생각열쇠 전광판의 뉴스 앵커가 전하는 내용을 참고하세요. 예 일제 강점기 당시 일본의 정책을 지지하는 등, 일제의 앞잡이가 되었던 조선 사람들이다. 그들로 인해 조선 민중 다수가 고통을 겪었다.
2 생각열쇠 2005년 '친일반민족행위자 재산의 국가 귀속에 관한 특별법'이 제정되고 이 법에 따라 친일파들의 토지가 국고로 귀속됐어요. 현재 친일파 후손들은 이렇게 몰수된 토지를 돌려달라고 요구하고 있고요. 친일파 후손들 중에도 땅을 되찾기를 포기하거나 찾지 않는 것이 옳다고 생각하는 사람들이 있어요. 여러분 생각은 어떤가요? 예 친일파 후손의 토지 반환 소송은 잘못된 일이다. 왜냐하면 친일파인 조상이 그 땅을 갖게 된 것은 친일 행동을 통해서였기 때문이다. 그를 통해 다른 많은 조선인들이 고통을 당했다. 땅을 갖게 된 이유가 옳지 않은 것이라면 당연히 반환 소송은 잘못된 것이며, 땅을 돌려주어서는 안 된다.
3 생각열쇠 국가가 몰수한 땅을 어떤 목적으로 사용하면 의미 있을지 생각해 보세요.
예 독립을 기념하는 공원을 만든다. 이익금은 국가 유공자를 위해 쓴다.

5 **1** 생각열쇠 『스토리텔링 초등 한국사 교과서』 3권 22장에는 만세 운동을 벌인 학생들, 독립 선언서를 선포한 민족 대표들, 임시정부 요원들, 만주에서 활동한 독립군, 의열단원, 한인 애국단원 등 수많은 독립 운동가들이 등장해요. 그중 한 예를 골라 보세요. 예 김구
2 생각열쇠 독립운동가는 어떤 하루를 보냈을까요? 자칫 일본군에 잡혀갈 수 있는 불안한 상태에서 독립운동을 위해 어떤 일들을 했을지 상상해 보세요. 예 5시 기상/~6시

아침 운동(맨손 체조, 검술 연습)/~7시 아침 식사, 임시정부 마당 청소/~11시 임시정부 업무/~12시 점심 식사/~15시 한인애국단 단원 만남/~17시 임시정부 업무/~18시 독서/~19시 저녁 식사/~20시 회의(독립운동 관련)/~21시 독서/~22시 일기 쓴 후 취침

❸ 생각열쇠 앞에서 하루 일과를 생각했던 독립운동가는 어떤 분이었는지 생각하고 그 분이 할 만한 생각을 짐작해 보세요. ⑩ 후손 여러분, 김구입니다. 대한민국의 모습을 보니 제 기분이 참 좋습니다. 일제 치하에서 고생한 국민들이 이런 세상에서 산다면 얼마나 좋을까 하는 마음에 가슴이 아프기도 합니다. 후손 여러분, 몇 십 년을 먼저 산 선배 입장에서 통일을 위해 노력해 달라 부탁하고 싶습니다. 지금 북한 주민들은 말도 못할 정도로 궁핍할 뿐만 아니라 자유롭지 못한 삶을 살고 있습니다. 하루빨리 통일이 되어야 남북간 소통의 어려움을 줄일 수 있습니다. 여러분, 통일을 위해 노력해 주세요.

88~94쪽 연표 퀴즈 정답

기원전 70만년경	구석기 문화 시작
기원전 2333년	고조선 건국
기원전 400년경	철기 문화 보급
기원전 37년	주몽, 고구려 건국
371년	백제 근초고왕 평양성 공격
372년	고구려에 불교 전래
956년	노비안검법 실시
993년	거란 침입, 서희의 외교 담판
1135년	묘청의 난
1170년	무신정변
1388년	위화도 회군
1801년	신유박해
1876년	강화도 조약 체결
1884년	갑신정변
1894년	동학 농민군 봉기
1910년	한·일 병합으로 국권 피탈
1919년	3·1 운동

475년	고구려 장수왕의 공격, 개로왕 전사
538년	백제, 사비성으로 천도
668년	고구려 멸망
676년	신라, 삼국 통일
828년	장보고, 청해진 설치
936년	왕건, 후삼국 통일
1392년	고려 멸망, 조선 건국
1446년	훈민정음 반포
1485년	『경국대전』 완성
1592년	임진왜란
1623년	인조반정
1776년	규장각 설치
1926년	6·10 만세 운동
1945년	8·15 해방
1960년	4·19 혁명
1980년	광주 민주화 운동
2000년	6·15 남북 공동 선언

지은이

이정화 초중고 학생들과 함께 책 읽고, 토론하고, 논술 수업도 하는 선생님입니다. 독서교육 교재를 10년 넘게 집필해 왔으며, 대학원에서 교육심리를 공부했습니다. 더 많은 어린이들과 책 읽기의 즐거움을 나누고 싶어 글을 쓰기 시작했습니다. 지은 책으로『열 살에 배운 법, 백 살 간다』등이 있습니다.

김정화 서울 북쪽 끝 한신초등학교에 재직 중이며 행복한 교실 만들기를 꿈꾸고 있습니다. 역사책은 세상을 떠난 사람들의 목소리를 들려주는 마술 마이크 같은 힘이 있는 게 아닐까 싶어, 이 책을 만드는 동안 역사책 만들기에 푹 빠졌습니다. 역사를 공부하는 어린이들이 사람을 사랑할 줄 아는 어른으로 성장하길 바랍니다.

최이선 서울 등원초등학교에서 선생님으로 일하며 언젠가 학교가 어린이를 위한 진짜 놀이터가 되기를 꿈꾸고 있습니다. 인류의 지혜를 하나하나 되짚어 보는 것이 역사의 재미라고 여기는 선생님은, 이 책으로 전하고 싶은 귓속말이 딱 하나 있습니다. '암기하지 말고 상상력과 호기심을 펼쳐 보자. 그것이 역사 공부니까!'

스토리텔링 초등 한국사 교과서 활동책 ❸
동학 농민 운동부터 현대까지

1판 1쇄 발행일 2014년 9월 1일 • 1판 4쇄 발행일 2021년 2월 2일
글 이정화, 김정화, 최이선 • 그림 조성덕, 경혜원
펴낸이 김태완 • 편집주간 이은아 • 편집 김정숙, 조정우 • 디자인 안상준 • 마케팅 최창호, 민지원
펴낸곳 (주)도서출판 북멘토 • 출판등록 제6-800호(2006. 6. 13)
주소 03990 서울시 마포구 월드컵북로 6길 69(연남동 567-11) IK빌딩 3층
전화 02-332-4885 • 팩스 02-6021-4885 • 이메일 bookmentorbooks@hanmail.net
인스타그램 https://www.instagram.com/bookmentorbooks__
페이스북 https://facebook.com/bookmentorbooks

ISBN 978-89-6319-109-6 64910
     978-89-6319-110-2 64910 세트

KC **인증 유형** 공급자 적합성 확인 **제조국명** 대한민국 **사용연령** 8세 이상
KC마크는 이 제품이 공통안전기준에 적합하였음을 의미합니다.
종이에 베이거나 책 모서리에 다치지 않도록 주의하세요.